EN LOS RINCONES DE LAS PALABRAS

Alejandra Galanú

EN LOS RINCONES DE LAS PALABRAS

Traducción
José Antonio Moreno Jurado

Padilla Libros Editorial y Librería
Sevilla 2024

C O L E C C I Ó N
P O É T I C A
D E A U T O R E S G R I E G O S
C O N T E M P O R Á N E O S
EL ÁRBOL DE LA LUZ
TO ΦΩΤΟΔΕΝΤΡΟ
N.º 64

Título original: *Στις γωνιές των λέξεων*

© de los poemas: Alejandra Galanú

© de la traducción: José Antonio Moreno Jurado

© de la presente edición: Padilla Libros

ISBN: 978-84-8434-805-4

D. Legal: SE 2517-2024

1.ª impresión, octubre de 2024

Padilla Libros Editores y Libreros
C/ Trajano n.º 18
41002 Sevilla (España)
editorial@padillalibros.com

LAS VENTANAS

De mañana y escribe un poema.
Lo extiende en la ventana
para secarlo,
sin embargo no al sol
porque quiere mantener aún
unas pocas gotas de sueño
de la noche aventurera que pasó.

Cuando el día avanza
las palomas que pasan
picotean el poema.
Le quitan las vocales
y todo lo admirable.
Los paréntesis y las comillas
permanecen intactas.

Por la noche vuelve a casa,
recoge el poema extendido
y cierra la ventana.
Quizás lo vuelve a escribir mañana...
La Poesía tiene muchas ventanas

EL ROPAVEJERO

Por las noches recoge
poemas heridos
en el extremo de la calle.
Envuelve con vendas
las palabras hemorrágicas.
Cierra en sus manos
sus uñas comidas.
Peina sus cabellos
llenos de fango.
Los abraza muy fuertemente
como el primer amor
en verano cerca del mar.
Y después intenta con ellos
atravesar la distancia
de la soledad de la tristeza
a su brillante lucero de la tarde.

EL POEMA

Como un deseo
no alcanza
a seguir a las estrellas
fugaces
dentro del color
de la noche emerge
un poema
y así al apagarse
el perfil del día
extiende el silencio
hasta donde no llega
el sonido de las palabras.

LA AVENTURA DE UN POEMA

Hace meses
engendro un poema.
Le doy una vuelta
por el mercado,
lo remuevo
en la cocina.
Como las viejas alfombras
lo aireo en el balcón,
sacudo el polvo del silencio
y borro las huellas
de los pasos mudos.

En momentos de alegría
lo visto de fiesta.

A veces otra vez
con su compañía
recojo palabras
en la playa.
Y cuando la noche

avanza
en sus versos
entra un trozo
de luna llena.

El poema
del orgullo roto
por la ola
en brazos
de la tristeza
lámpara de tormenta
en la oscuridad.

En los rincones de las palabras (2008).

11

TRAS LA MEDIANOCHE

Por la ventana del sueño
se escapa el verso
solitario.

Anda por la ciudad
desocupado.
Se sienta en bancos
de enamorados,
entorna el ojo
en los periódicos pequeños,
mira a escondidas
también las fotos desnudas.

Trepa a los balcones
de nobleza oxidada,
se engancha en piedras
del bastión,
se oculta tras
barriles de dos colores
y después avanza

a la vigilia
de san Kasianós — quizás enciende
una vela, por devoción
del instante.

El verso solitario
anda a la búsqueda
del poema
por la ciudad desocupado
silbando una finalidad muda
y después se pierde
en las ramificaciones del sueño.

POEMA DE LA HABITACIÓN

De blog en blog
y de cuelgue en cuelgue
leo poemas.
Avanzando sin lastre a la
falta de rima de los sentidos
a la falta de ortografía de los hechos
a la teatralidad de todo.
Acompaño la soledad
con palabras, la ausencia
con una sospecha de amor.

Tras la claridad de la cortina
sigo la pura luz
alejándose
hacia el final del día.

Al poco en Google Earth
encontraré mi casa,
escucharé el murmullo
del mar, un mes de invierno,
e incluso también el llanto de gaviota
que quedó en la Torre de Otelo.

OFICIO DIVINO

Cada décimo martes
día de la Luna
con el abrazo de Morfeo
herméticamente cerrado
y con sombra que conduce
a la última luciérnaga
en el pasillo de los pequeños sueños
descifro palpando
el jeroglífico de la memoria.

DÍA MALDITO

Llegará un día una vez
en que se perderá, dijiste,
la inspiración.
Entonces los poetas
se afearán
con gestos de dicción.
Haciendo acrobacias en las estrofas
mostrarán versos
en algunas escenas
de películas «cuidadosamente»
sin espectadores viajeros
y sueños.
En la superficie de las cosas
navegará la poesía.
Sobre los anaqueles
se concentrará
un caleidoscopio de policromía,
una cosecha sin servicio.
Y en algún lugar cercano, en un rincón,
Homero llorará silenciosamente.

Paréntesis y comillas (1996)

ARDUAMENTE

Los versos que no escribiste
guárdalos bien entre las sábanas.
Después los doblarás con cuidado
y añadirás romero
como aroma en los nichos,
los colocarás tiernamente
en el baúl de la abuela.
Los fecharás después doblemente
y arrojarás la llave
lo más lejos que puedas.

A los muchos años
esos versos, recuerda,
se harán uno con la carcoma del alma.

Entre el zafiro y lo terreno (1966)

17

INVITACIÓN

Se rompió una granada
en el patio.
Recoge granos, ámbar
y ven a enterrarme
cuando la tarde
confusa despide al Sol
que se inclina.

Tras la sonrisa
del iris
te esperaré
entre los susurros
del viento
y la resonancia
de las aves.

Habré colgado
el mañana en las ramas
y todo el ayer
estará oculto
en la tierra profunda.

Cuando los encuentres
avanza, con paso tranquilo,
al claro
de nuestros años infantiles.
Pon del revés el día
y construye, si puedes,
sueños anchos como el cielo.

Te esperaré
tras la sonrisa
del iris.

RECUERDO

Apresaste la quimera.
Coloreaste la luz
con seculares resplandores.
Llenaste de delfines los días
y hendiendo la existencia
te fuiste.

El mundo empequeñece
para caber
en las niñas de tus ojos.

EL HILO DE LA NOCHE

Con mis silenciosos tacones
regreso
a donde el aroma
de la lluvia
recuerda la habitación
que murmura a media luz
y las escuchas
del amor
se apagan en el extremo
de la cortina.

Con una sospecha
de Luna en los ojos
molestaré
al silencio
que regularizaste.
Me recibirás
con una taza de té
sin azúcar
y un trozo

de chocolate amargo
me regalarás
una representación de concierto
en Siena.
—¿Has visitado alguna vez
Italia?
No respondas.
No tiene importancia.

Ahora existen
sólo las horas pequeñas
las que agrandan
el día
y andan al extremo
en la oscuridad.

La noche hoy
desequilibrada
y el eco de mis tacones
se aleja...

En los rincones de las palabras (2009)

DOMINGO POR LA MAÑANA
CON STRAUSS

Lágrimas secas en las mejillas,
señales que se vuelven arrugas.
En el cuello un trozo de almendra amarga.
Mudas palabras en el extremo de los labios.
Y tú te irás a la vuelta...

¿Era primavera con recuerdo
de otoño
o quizás otoño
con sospecha de primavera
en el cielo?
En la ceja levantada
del amor, la duda.

Y sin embargo recuerdo aún la imagen
de un domingo por la mañana con Strauss
cuando un molesto gorrión
en el balcón
rebaba tu desayuno
y yo, tras la ventana medio abierta,
comencé ya a medir
la ausencia.

LA MAREA

Oculta el rostro de la ausencia
a las mil sonrisas del Sol.
Quita de las nubes
las tormentas.
Coloca un ciclamen
en las arrugas del día.
Después, construye una barca
de papel y viaja
con destino
al silencio blanco
hasta el extremo del chapoteo.

Postdata: Te esperaré, una tarde de agosto,
con los versos lavados al sol
en brazos de la arena.
No tardes.
Recuerda que a veces la marea
tiene juegos
peligrosos.

ANACORETA

Puerta que se abre.
Afuera, la noche,
dentro oscuridad.
La cierras con cuidado
y el ruido te turba
como cuando en el silencio del salón
escuchas sólo uñas de gato pérsico
arañando la alfombra
con locura de catástrofe.

Y, sin embargo,
unas cuantas gotas de aceite
serían bastantes
para llenar las grietas
para curar las heridas,
quizás incluso para ahogar
los gritos.

LO PENDIENTE

Ahora que llegué
al extremo del silencio
y con el brillo de la Luna
corto la ausencia,
me quedé mirando
un mural que se despegó
de la bóveda del corazón.

Después, quizás recoja
algunos restos de agosto
cerca del mar,
recuerdos de amores
con cualidades terapéuticas
en lo pendiente de la soledad.

DOMINGOS VACÍOS

Cartografío lugares del alma
Cronometro instantes de los ausentes
Escribo un poema sobre el verano
lo borro y comienzo
una historia de pequeño amor
de larga duración,
quizás preferiría un amor grande
de pequeña duración.
Recojo del suelo fotografías
en blanco y negro que se despegaron
del álbum de los 60,
aquí una excursión, allí una sonrisa.
Dejé de contar los años, también son
los ejercicios del cerebro los que me cansan.

DESPEGUE

Ya no temo
al diario de la ausencia
la cronología de los sueños
la antigua colocación de las promesas
las confianzas y las letritas
las cartas no enviadas
los abrazos que quedaron a medias
las esperas que se repiten
los aniversarios que no se festejan
las historias que no comienzan.

Por eso, no preguntes si estoy preparada
para el despegue,
¡un viaje se impone!

Los poetas
por las noches
emigran
al barrio del horizonte
sólo así pueden
soportar el día

Cohabitantes del horizonte (2000)

TEDIO

El tedio
del domingo inmóvil
circula en pensamientos
ociosos,
excursiones de la memoria,
saqueos de amores.

Y mientras el día
te sobrepasa,
revuelves los cajones
e intentas
rememorar los recuerdos
deslumbrantes...
¿Cuándo tomaste tu primer beso?
¿Verano en las dunas
o en una tarde de mucha lluvia?
¿Acaso la camisa que vestía
era azul?

En los rincones de las palabras (2009)

DESVELO

Una camisa dejada en la silla,
acurrucada en la alfombra,
la falda color de noche.
En su pecho
una mariposa que brillaba.

Entre las paredes
en luz ámbar
se desvela
un sabor de aroma.

Bajo el tacto charlatán
en sonidos mudos
el abrazo
y en la cama
un adagio de besos
se enreda
en las azules sábanas soñolientas.

Cohabitantes del horizonte (2000)

31

IDA Y VUELTA

Regresaré un día
a la isla en donde
prosperan las buganvillas
y los amores de tiempos pasados
de origen primaveral.

Te visitaré
con el color del ocre
en los ojos
y una rosa robada
en el extremo de los labios.

Y tú,
con una guitarra en brazos
bajo la ventana oriental
cantarás
con cuerdas oxidadas
versos engañosos y saciados.

LOS VENDEDORES AMBULANTES

Con un saco de necropsias
los vendedores siempre regresan
como mensajeros triunfantes.
Se baten,
amansan fieras,
matan a dragones.
Aquí y allá abrazan
también a ángeles.

Después vuelven la espalda
y con máscaras trágicas
dejadas en cuellos semi inclinados
rodean su encerrado recuerdo fúnebre
bajo una luna púrpura.

En el antiguo teatro de Salamina
la representación
sube a lo indefinido...

Entre el zafiro y lo terreno (1996)

PENÉLOPES

Las Penélopes
tiraron sus utensilios al mar.
Ya no tejen
ni bordan por las noches.
Bajan al jardín por la ventana.
abren la cancela,
avanzan hacia la playa.
Se sientan en barcas oscuras,
abren y cierran los ojos y sonríen
mientras los marineros cantan «Marabú»

Los pretendientes, según dicen, se cansaron
de las fiestas y se fueron.
En cuanto a Ulises,
está viajando aún.

Paréntesis y comillas (2016)

A LOS EFESIOS

El camino a Éfeso
parte de la «isla de los pájaros»
en donde mercancías extendidas
te llaman
—Compra tú también una imitación ¡puedes!
¿Qué es mentira y qué es la vida?

El autobús rechaza viajeros,
visitantes indiferentes y
algunos adoradores.
Pagas impuesto de avasallamiento
y avanzas —imprescindible el sombrero de paja.
Aquí y allá una sombrilla multicolor
te sigue.
Y el guía en cuya lengua
se enredan los siglos
se refiere a ciertos jonios
que construyeron esta ciudad
de las amazonas y de Artemisa.

Bajas la avenida de mármol
leyendo epígrafes en conocidas letras
y ella sólo habla de griegos.
Y sin embargo el hijo de Olimpia estuvo aquí
y el estratega Lisímaco y su mujer
Arsínoe.
Éfeso — de Arsínoe
y tú recuerdas a otra Arsínoe
que fue después Constancia y Ammójosto.

¿Entonces, por cuánto tiempo aún, la carta de
san Pablo quedará sin entregar?

DE ÉNGOMI

Esta es otra Éngomi
que quedó arruinada por nuestra mano
en épocas en que apresuradamente
nos han sobrepasado.

En sus calles se han perdido
huellas de relincho
en el galope de los caballos.
Los hombres amontonan casas destruidas.
Piedras y estrecheces,
cemento y suspiros,
maderas, hierros, gritos, risas, voces.

Sin frutos, el único olivo
de color verde enfermo
ya no platea.
Algún ave del amor
en jardines inhóspitos
insisten aún
en cantar con falsete.

Sin agua el pozo
y el molino que bajo su herrumbre
escribe aún ciudad,
combatiendo con sus aspas
se duele en vano...

Un día
pasó por aquí el mar
camino de Salamina,

Paréntesis y comillas (2016)

SIN TÍTULO

No tiene importancia
si la casa se vendió
sin título de propiedad
—fue también una parte
de cierto acuerdo—
Es importante que pudiste
quitar de la escritura
los trozos de recuerdos
que se dejaron en la pared,
las risas que resuenan
en el patio,
los sueños que habían escalado
a las ventanas
y aquellos murmullos nocturnos
que fuertemente abrazados
nos adormecían.

UN DOMINGO QUE NO FUE FESTIVO

A Alexis

Fue un día de lluvia
en que bramaba de ira
el mar
cuando las olas
rechazaban recuerdos de partida,
de saqueo,
de violenta separación.

Entonces te vi allí,
en el extremo del mar,
un fantasma
en una ciudad
que los otros llamaban
fantasma pero tú
amada.
En tus ojos oscuridad
y con tu mirada vacía
te volvías para tocar
aquellos veranos

que hace años
se ocultaron en las grietas
de casas abatidas
con las ventanas dilapidadas
siempre abiertas al cielo
esperando alguna señal
de regreso o una
ilusión de vuelta.

DEL ENCERRAMIENTO

Cerradas las ventanas,
la asfixiante casa en silencio.
Se deformaron los retratos en las paredes
y la lágrima que quedó de un viejo amor
se ocultó para siempre en los pliegues de la
    cortina cerrada.
Un servicio de soledad
sin hoja de marcha
llenó las grietas de la pared
—no alcanzó a cerrarlas
antes del encerramiento—
ahora forman el mapa
de tierra desconocida que promete
viajes...
La mujer se sienta y espera
frente
al florero con aroma de limonero en flor,
es primavera.

CÓDIGO DE CIRCULACIÓN

Ahora que las palmas de las manos extendidas
llenaron de lágrimas las calles,
las palomas escasearon
las visitas a la plaza,
informaron a sus compañeros de viaje
por SMS, —a no ser que tuviesen iPad,
cuando les enviaron un mensaje
    electrónicamente—
sobre el cambio de marcha del cielo
cambio de planes
diferenciación de vida
porque aquí escasean los migajones.
Y se multiplican mucho los perros sin amo
que en su materia genética los agujereó
el código de circulación,
que es una manera de vida.
Entretanto, la Musa combate
en la crisis...

OTRA PRIMAVERA

Primavera indecisa
e irresoluta
florece en la lluvia.
Después se pierde otra vez
con el polvo
enfadando los hocicos
quemando los ojos
justificando las lágrimas
que hacen correr la pena
y llenan las grietas de la ausencia
con rosas salvajes
sin ni siquiera una espina
ensangrentado el corazón.

CENA DE DIFUNTOS

Los ojos se llenaron de polvo
las manos de barro que se secó
y aplastó el corazón
piedra de mármol no levantable
cuando se adapta a una muerte
como se debe.
Ahora no aprovecha que escribas letras.
Los muertos olvidaron el alfabeto
y ni siquiera recuerdan ya tu última visita.
En cuanto a ti, continúa adornando la tumba
     con flores,
quizás así exorcices a algunas Erinias.

LA FOTOGRAFÍA

A Nadina

La ventana abierta
y el jardín soleado.
Las rosas deshidratadas
con cuerpos envejecidos.
A veces sus pétalos multicolores
conversan murmurando
con el airecillo que las acaricia
y la mujer que quedó
en la casa y escribía poemas.
Ahora se sienta en el sillón
con el blanco sudario como cubierta
y la mirada clavada
en la pared de la fotografía.
¿Es él? ¿Es ella?
Es su amor que se pregunta
y sueña...
Tarde en las orillas del Sena.

CALLE ARTEMISA 39

La casa tras la cancela.
Poemas extendidos en el suelo
fotografías en una caja.
Es la historia que se fue,
la historia que queda
en una ciudad que se fue.
La vida se trasladó a libros
de páginas incompletas
agujereadas por la carcoma del olvido.
Los visitantes curiosean, clasifican,
conocen a los antepasados.
Después escuchan los murmullos
que dejaron tras de sí los muertos
y avanzan en el subterráneo
buscando bordados y candelabros de plata.

SYLVIA PLATH

Desde hace tiempo sus ojos
ya no viajan.
Dan vueltas en el vacío
delinean círculos vacíos
y regresan mudos
por algún sitio en el centro
del corazón.

Por la mañana la encontraron
dormida
con dos versos en los brazos.
El anuncio de la muerte
escribía «Poetisa».

SIN SOMBRILLA

Cuelga el impermeable
y vamos a caminar
sobre el asfalto húmedo.
El otoño come
las blancas nubes se desnudan temprano
y la niebla se extiende
sin preaviso.
Ven
para que alcancemos
los aromas,
la tierra,
las gotas de la lluvia en la mejilla,
la sensación de instante huidizo.

En alguna vuelta de la calle,
un poco más abajo del epígrafe luminoso
el amor acecha...

Y el aroma que goteó en las paredes
no se fue.

Después,
están también las sombras de las estatuas,
están los dedos que arden al tacto,
está también el dolor del regreso.

Entre el zafiro y lo terreno (1996).

IMÁGENES DE NUEVA YORK

Se ocultó la alegría
tras las máscaras
en un color azul enfermo.
Se multiplican los muertos
en Nueva York.
Un gato atraviesa
la Quinta Avenida
tranquilo.
La vida se vació
en Union Square.
Se apagaron los epígrafes luminosos
en Broadway
mientras el teatro del absurdo
continúa incesantemente
sus representaciones.
Por la noche en las pantallas
monologa el líder
cuando
en la Ciudad del Planeta
la supervivencia intubada
juega a coronar letras.

PALABRAS EN EL AIRE

Poeta ropavejero de estrellas
Pescador de sueños
Asceta de lo mínimo
Bailarín de lo diáfano
. . . .

Trozo de piedra
sin trabajar
cincelas
una vida
e incluso no conseguiste
dar
expresión a los ojos
. . . .

Cerraste tu vida
En cuadrados
Y sin embargo
Ni un crucigrama
Pudiste resolver
. . . .

El espacio y el tiempo
diseñan en cruz
la forma del día.

. . . .

Los poetas
por las noches
se trasladan
al barrio del horizonte.
Sólo así pueden
soportar
el día.

. . . .

Préstame tu sueño
por una noche
y yo
haré regresar los sueños
que insisten en volver.

. . . .

Nuestro Evangelio
comienza con la
«lectura de la incoherencia».
Avanza

a la parábola del hijo pródigo
que no regresó
y termina en la plegaria
sin encuentro cara a cara.

. . . .

La gaviota Ionathan
ya no se encuentra aquí.
Seguramente habrá emigrado
a otros cielos
llevándose con ella
nuestros aleteos indecisos.

. . . .

Robo palabras
Traslado sueños
Transformo sensaciones
Revuelvo recuerdos
Escucho silencios.

A veces escribo poemas.

. . . .

Almacenamos fotografías
De atardeceres

Para aprisionar
Los soles que
Necesitamos.
Y sin embargo la oscuridad
Insiste aún.

AMMÓJOSTOS, NOVIEMBRE DE 2020

Esperanzas pisoteadas
ya de última instancia
se clavaron en un rincón del cerebro,
sala de espera de los recuerdos.
Quizás
un día alguna vez
el poeta del futuro
las despierte del letargo,
las vista de apenadas canciones
y las haga pasear por las calles de la ciudad
donde extraños visitantes
se divierten, curiosean
las casas abatidas
y desvergonzadamente sueñan cuál elegir.

CONMEMORATIVO

Volvía al verso
y comenzaba
con sílabas de colores
contando
la edad de los recuerdos.

Dos o tres solsticios veraniegos
—quizás también uno invernal—
Algunos desayunos de indolencia,
pocas gotas de tarde
tras la lluvia.
Noche con la ventana
abierta a la Luna.
El abrazo,
forma del cuerpo en el lecho
y después las pelusas del sueño
deslizándose en la ensoñación.

PINCELADA DE ROJO

Un poema caprichoso
encerrado en sí mismo
despierta por las noches
compañía con palabras
de amores envejecidos
y arcos encorvados
que le agujerearon el corazón.
Como si lo encontrase el día
la hemorragia en el papel
se metamorfoseará en una
pincelada de rojo,
para dar así color
a su desgraciada vida
y quizás una cierta esperanza
de sobrevivir.

NEFERTITI

En una jaula de cristal
en el museo en que vive
Nefertiti mantiene sus distancias.
Permite que la curioseen
diferentes visitantes,
para admirarla encantados.
Algunos intentan
revivir el vacío
en sus ojos esculpidos
y apagar
aquella imperceptible
arruga en el extremo de los ojos.
La oreja comida en la izquierda
no molesta.

Hoy la volvía a visitar
en la habitación verde.

RODEO

No tiene importancia
si dejaste una ranura
de la puerta abierta
o una sospecha de luz
en el balcón.
Tú rastreas aún
en el sueño,
rastreador inmaterial de los sentidos,
espía
de la noche de las desmitificaciones
de la oscura gloria de la mañana.

LA MUCHACHA QUE NO QUERÍA IRSE

¿Cómo escribes un poema
sobre los exiliados
tú, que te envuelve el calor
e intentas sentir
el frío del alma
de aquella muchacha
que no quería irse?
Después, están también sus ojos
que se helaron en el momento
del abandono.
Es su mirada
que busca la muñeca
que quedó huérfana,
la bicicleta rota
en el patio
y aquel muchacho
que le envió un beso
y quizás aún la busque
entre las barracas,
en cobertizos de papel
y los polícromos lavaderos
al aire.

Amaneció de nuevo el día
y sin embargo
la muchacha que no quería irse
espera la oscuridad
cuando las estrellas
entren en sus sueños
iluminando el mañana
y creando el mundo
como antes...

EL CUENTO

Recuerdo al niño
que con trozos de harapos
hizo un día un balón.
. . . .

Entre la línea del Sol
y la curva de la noche
moldeo un poema
como cuento redondeado.
Son las palabras del sin rincones,
Durante mucho tiempo las pulo
hasta que se vuelven suaves.
Después suprimí
todos los acentos agudos.

La posibilidad de traumatismo
casi ha desaparecido.

Ahora desocupadamente
mido las entradas
del diccionario del olvido.

En los rincones de las palabras (2008)

ESQUINA DE RESISTENCIA Y ESPERANZA
O
EL EMIGRANTE

En la calle
—esquina de Resistencia y Esperanza—
con el miedo en los ojos
se detiene un hombre
alto y asustado.
Con mirada de color de la noche
atraviesa tormentas
regulariza ausencias.
Desesperadamente busca
«centros de acogida».
Sacos los hombres
encerrados dentro
sueñan
sueñan con labios apretados y puños cerrados

y esperan

un rostro cambiado de miseria aunque
sea un día lo que les lleva más abajo...

SIN BRÚJULA Y
PUNTO DE REFERENCIA

En el extremo del mar
un lugar pequeño, dividido,
viaja hace años
sin brújula y punto de referencia.
Busca la Paz
aunque sea falsa sensación de calma
un puerto de calma...
Se cansaron las marionetas
de bailar a los ritmos
de un trastorno disonante
y de seguir alocadamente
a la multitud del norte y del sur,
para abrazarse un día
y a veces insultarse.
Y el Poeta
que una vez escribía sobre Eminé y María
desencantado ahora
cerró sus cuadernos
se sentó bajo el olivo eterno
y espera en vano
que se abran los cielos.

Entretanto, han pasado cincuenta años secos.

INSPIRACIÓN

Esperanzador poeta
intenta arrebatar
el sonido de las palabras,
describir la rodada del pensamiento
y estampar estrofas de la memoria
en el ordenador.
Secretos ocultos
se vuelven poemas
sueños destrozados
valiosos talismanes
para futura inspiración
cuando se haya perdido.

LA RECETA

Cada último miércoles
del mes está en vela
como farmacéutico.
Vistiendo la blusa blanca
recoge prescripciones,
reparte sedantes
e intenta
descifrar
esperanzas indescifrables
de curación.

¿Qué tomará esta noche? le pregunta.
Al amanecer de la tercera
luna llena,
ahora que se apagan en el cielo
las Perseidas, quisiera
una dosis de melancolía
con esencia de lágrimas
y pétalos pulverizados
de sueños que se secaron.

Es el color del ámbar
encerrado en un cajón, le dice él,
y tiene al roce de la lengua
un gusto amargo e incluso placentero.
Eso me basta,
responde la mujer
y le da un pequeño bote
azul para llenarlo.
Lo cierra herméticamente,
paga y se va.

Postdata:
Las visitas a farmacias nocturnas
deben espaciarse.

ÍNDICE

ÍNDICE

Las ventanas_____7

El ropavejero_____8

El poema_____9

La aventura de un poema_____10

Tras la medianoche_____12

Poema de la habitación_____14

Oficio divino_____15

Día maldito_____16

Arduamente_____17

Invitación_____18

Recuerdo_____20

El hilo de la noche_____21

Domingo por la mañana con Strauss_____23

La marea_____24

Anacoreta_____25

Lo pendiente_____26

Domingos vacíos_____27

Despegue_____28

Los poetas_____29

Tedio_____30

Desvelo_____31

Ida y vuelta_____32

Los vendedores ambulantes_____33

Penélopes_____34

A los efesios_____35

De Éngomi_____37

Sin título_____39

Un domingo que no fue festivo_____40

Del encerramiento_____42

Código de circulación_____43

Otra primavera_____44

Cena de difuntos_____45

La fotografía_____46

Calle Artemisa 39_____47

Sylvia Plath_____48

Sin sombrilla_____49

Imágenes de Nueva York_____51

Palabras en el aire_____52

Ammójostos, noviembre de 2020_____56

Conmemorativo_____57

Pincelada de rojo_____58

Nefertiti_____59

Rodeo_____60

La muchacha que no quería irse_____61

El cuento_____63

Esquina de Resistencia y Esperanza
   o El emigrante_____64

Sin brújula y punto de referencia_____65

Inspiración_____66

La receta_____67

Títulos publicados en la colección
EL ÁRBOL DE LA LUZ
ΤΟ ΦΩΤΟΔΕΝΤΡΟ

1.	*Tinta, la luz*	Stavros Guirgenis
2.	*Mitos menores*	Stelios Karayanis
3.	*Los caminos de Faittós*	Xanthos Maidás
4.	*Acepciones de la mirada*	Iró Nikopulu
5.	*Sinfonía insonora*	Melita Toka—Karajaliu
6.	*El piloto del infinito*	Tolis Nikiforu
7.	*Antígona siempre olvida algo cuando se va*	Cloe Kutsubeli
8.	*Mi patria temerosa*	Yorgos Markópulos
9.	*Cuerpo a Cuerpo*	Sotirios Pastakas
10.	*Sonido de bronce*	Kostís Nikolakis
11.	*Salamanca y otros poemas*	Vasilis Laliotis
12.	*Servidor autodesterrado*	Andreas Yeorgalidis
13.	*Aqueronte*	Vanguelis Tasiópulos
14.	*Amor en los parajes de Olimpia*	Ilías Gris
15.	*Lo que queda*	Antonis Fostieris
16.	*Biografía poética*	Tasos Falkos
17.	*Todo es camino*	Yanis Tzanetakis
18.	*Corales del silencio*	Leónidas Galazis
19.	*Espionaje del Tiempo*	Antonis D. Skiathás
20.	*Escriba de la epopeya natural*	Ilías Kefalas
21.	*Menos uno*	Dimitris P. Kraniotis
22.	*La carne de lo provisional*	Petros Golítsis
23.	*Agenda de la mala salud*	Dímitra Jristodulu
24.	*Siempre llueve en la cabeza del perro*	Dimitris Angelís
25.	*Azul oscuro de la noche*	Iulita Iliopulu

26.	*Voz de la piedra*	Alekos E. Florakis
27.	*Veinticinco oraciones*	Constantino Buras
28.	*En mi barro los labios*	Dimitris Papaconstantinu
29.	*Poemas de septiembre*	Dinos Siotis
30.	*Emigro con una vocal*	Panayiotis Nikolaídis
31.	*Cómo morderás un árbol*	Elsa Korneti
32.	*Imperio*	Yorgos Blanas
33.	*La arboricultora*	Dímitra Kuvata
34.	*En el exilio de la lengua*	Pantelís Bukalas
35.	*Murmullo*	Liana Sakellíu
36.	*El desvelo en mi interior*	Kostas Lántavos
37.	*El cuerpo sufriente*	Kostas Guliamos
38.	*Cielo abierto*	Yorgos Moleskis
39.	*Hélice de un helicóptero fantástico*	Mijalis Papadópulos
40.	*Migajas*	Yorgos Jristodulidis
41.	*Y otra poesía, 2*	Yorgos Veis
42.	*Florilegio*	Yorgos Duatzís
43.	*La miel del tiempo*	Thodorís Sarinkiolis
44.	*Los límites del silencio*	Yorgos Kentrotís
45.	*Las uñas del gallo*	Yorgos Kalozois
46.	*Desertores del tiempo*	Yanis I. Papás
47.	*Icor*	Yorgos Ruskas
48.	*El espejo de Proteo*	Yanis Yfantís
49.	*Los poemas*	Nikos Orfanidis
50.	*La generación de 1930*	Varios autores
51.	*Cosechas*	Nikos Mylópulos
52.	*Mesa para el extranjero*	Spyros L. Vrettós
53.	*Los hijos de Eva*	Déspina Kaitatzí-Juliumi
54.	*En hora punta*	Vakis Loizidis

55.	*Rumor sedoso de párpados*	Nikos A. Pulinakis
56.	*Birds in the Night*	Stamatis Polenakis
57.	*Del fondo de la culpa*	Cristo Tumanidis
58.	*Lobo y demonio*	Dioni Dimitriadu
59.	*Los saqueos del tiempo*	Stathis Kutsunis
60.	*Delicados equilibrios*	Yanis Strumbas
61.	*Reputaciones del sol*	Manolis Xexakis
62.	*Caballos salvajes en la soledad del deseo*	Elías Kurkutas
63.	*Rapsodias lúgubres*	Andreas Polycarpu
64.	*En los rincones de las palabras*	Alejandra Galanú